EXPOSITION

DE 1771

—

XXVI

COLLECTION

DES

LIVRETS

DES

ANCIENNES EXPOSITIONS

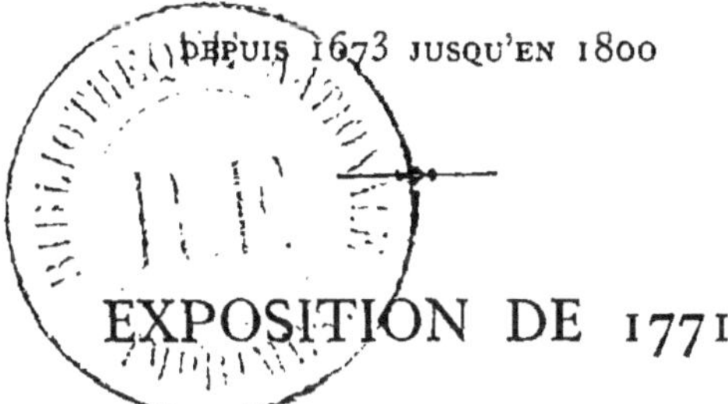

DEPUIS 1673 JUSQU'EN 1800

EXPOSITION DE 1771

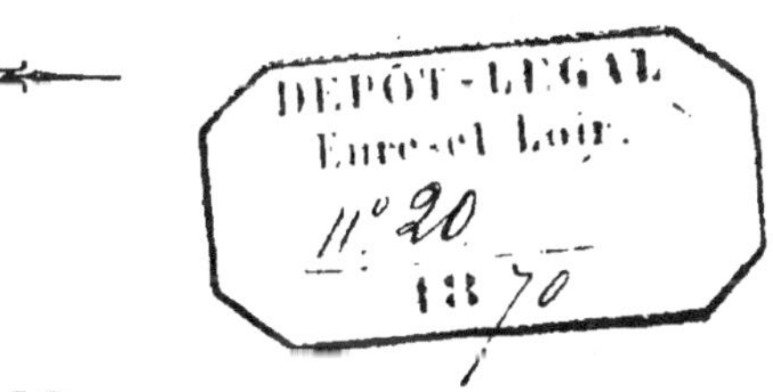

PARIS

LIEPMANNSSOHN ET DUFOUR

ÉDITEURS

11, rue des Saints-Pères

—

MARS 1870

NOMBRE DU TIRAGE

DU LIVRET DE 1771.

375 exemplaires sur papier vergé.
 25   —   sur papier de Hollande.
 10   —   sur chine.

N°

Ce livret est vendu seul 2 fr. 5o.

NOTICE BIBLIOGRAPHIQUE.

Nous n'avons rencontré qu'une seule édition ayant 58 p. de texte, 2 p. d'Arrêt et de privilége et 320 n{os}.

Critiques :

Le *Mercure de France*, numéro d'Octobre.

Denis Diderot. — Salon de 1771, publié pour la première fois dans la *Revue de Paris*, en 1857 (t. XXXIX, p. 193).

Année littéraire : Exposition des Peintures, Sculptures et Gravures du Salon du Louvre : 1771, t. V, p. 289, 311.

Mémoires secrets du Continuateur de Bachaumont, t. XIII, éd. de 1780, p. 69-112.

La Muse errante au sallon ; apologie-critique en vers libres, suivant l'ordre des numéros des peintures, sculptures et gravures exposées au Louvre en l'année 1771. *Ut pictura poësis*, à Athènes, et se trouve à Paris, chez Cailleau, 1771. In-8° de 48 pages.

Lettre de M. Raphaël le jeune, Elève des Ecoles gratuites de Dessin, Neveu de feu M. Raphaël, Peintre de l'Académie de Saint-Luc, à un de ses Amis, Architecte à Rome, sur les peintures, sculptures et gravures exposées cette année au Louvre. Prix trente sols. 1771. Datée du 7 septembre. In-8° de 62 pages. (On attribue cette lettre à Daudé de Jossan comme celle qui fut publiée sur le Salon de 1769).

L'Ombre de Raphaël, ci-devant Peintre de l'Académie de Saint-Luc, à son Neveu Raphaël, etc., en Réponse à sa Lettre, etc. Prix trente sols. 1771. In-8° de 59 pages.

Plaintes de M. Badigeon, marchand de couleurs, sur les critiques du sallon de 1771. A Amsterdam, et se trouve à Paris chez Louis Cellot, Imprimeur-libraire, rue Dauphine. 1771. In-8°, 23 p.

EXPLICATION

DES PEINTURES,

SCULPTURES

ET GRAVURES,

DE MESSIEURS

DE L'ACADÉMIE ROYALE,

Dont l'Expofition a été ordonnée, fuivant l'intention de SA MAJESTÉ, par M. le Marquis DE MARIGNY, Confeiller du Roi en fes Confeils, Commandeur de fes Ordres, Lieutenant Général des Provinces de Beauce & d'Orléanois, Directeur & Ordonnateur général des Bâtimens DU ROI, Jardins, Arts, Académies & Manufactures Royales; Gouverneur des Villes de Blois, Suevres & Menars, & Capitaine-Gouverneur du Château de Blois.

A PARIS, *rue S. Jacques*,

De l'Imprimerie de HERISSANT Pere, Imprimeur du ROI, des Cabinet, Maifon & Bâtimens de SA MAJESTÉ, de l'Académie Royale de Peinture, &c.

M. DCC. LXXI.

AVEC PRIVILÉGE DU ROI.

AVERTISSEMENT.

Il feroit à fouhaiter que l'ordre établi dans ce petit Livre, fût conforme à l'arrangement des Tableaux dans le Salon du Louvre. Mais comme on ne pourroit alors le commencer qu'après que tous les Ouvrages y auroient été placés, il s'enfuivroit un inconvénient plus confidérable encore; le Public ne jouiroit de ce Livret que long-temps après l'ouverture du Salon : on a donc cru plus à propos de mettre à chaque Morceau un Numéro répondant à celui qui eft dans ce Livre, & qu'il fera aifé d'y trouver.

Pour faciliter cette recherche, on a cru devoir interrompre l'ordre des grades de Meſſieurs de l'Académie, & ranger ces Ouvrages sous les diviſions générales de Peintures, Sculptures & Gravures. Lorſque le Lecteur cherchera le Numero marqué ſur un Tableau, il verra au haut des pages Peintures, & ne cherchera que dans cette partie; & ainſi des autres.

EXPLICATION

Des

PEINTURES, SCULPTURES,

& autres Ouvrages de Meſſieurs de l'Académie Royale, qui ſont expoſés dans le Salon du Louvre.

PEINTURES.

OFFICIERS.

PROFESSEURS.

Par M. *Hallé*, Profeſſeur.

Nº 1. Silène dans ſa Grotte, barbouillé de mûres par Églé.

Ce Tableau, de 12 pieds de long, ſur 10 pieds de haut, eſt deſtiné à être exécuté en Tapiſſerie, à la Manufacture Royale des Gobelins.

2. L'Adoration des Bergers.

Ce Tableau, qui appartient au Chapitre Royal

de Roye, a 9 pieds 6 pouces de haut, fur 4 pieds 8 pouces de large.

3. Une Efquiffe en Paftel du même Tableau.

Par M. *de la Grenée*, Profeffeur.

4. Saint Germain donne à Sainte Geneviève une Médaille où eft empreinte l'Image de la Croix, pour en orner fon col.

Ce Tableau, deftiné à la décoration d'une des Chapelles de l'Eglife de l'Oratoire, à Paris, a 5 pieds 2 pouces de haut, fur 3 pieds 7 pouces de large.

5. L'Infomnie.

6. Une Nymphe qui fe mire dans l'eau.

Ces deux Tableaux appartiennent à Monfeigneur le Duc de Chartres : ils ont 2 pieds 3 pouces de haut, fur 1 pied 8 pouces de large.

7. Une fainte Famille.

Tableau de 15 pouces de haut, fur 12 de large.

8. Une Baigneufe qui regarde deux Colombes fe careffer.

Du Cabinet de M. le Baron de Bézenval.

Tableau de 2 pieds 9 pouces de large, fur 2 pieds 2 pouces de haut.

9. Loth enivré par fes Filles.

De 15 pouces de haut, fur 12 de large.

10. Betfabé apperçue par David, lorfqu'elle fe baignoit.

11. Mars & Vénus, Allégorie fur la Paix.

De 2 pieds de haut, fur 1 pied 8 pouces de large.

12. La Métamorphofe d'Alphée & d'Aréthufe.

   De 14 pouces de haut, fur 11 de large.

13. Diane furprife au Bain par Actéon.

14. Jupiter, fous la forme de Diane, féduit la Nymphe Califto.

   Ces deux Tableaux pendans, ont chacun 13 pouces de large, fur 9 pouces & demi de haut.

15. Apollon chante la gloire des grands Hommes.

   Tableau de 8 pouces de haut, fur 5 & demi de large.

16. Vénus & l'Amour endormis.

17. Léda.

   Ces deux Tableaux pendans, ont chacun 8 pouces & demi de large, fur 7 pouces de haut.

18. La Nymphe Echo, amoureufe de Narciffe.

19 Eglé, jeune Nymphe.

   Ces deux Tableaux pendans, ont chacun 8 pouces & demi de large, fur 7 pouces de haut.

20. Rapporte ce Bouclier, ou que ce Bouclier te rapporte, Difcours d'une Lacédémonienne à fon fils. *Plutarque, vie de Lycurgue.*

21. Télémaque rencontre Termofiris, Prêtre d'Apollon, qui lui enfeigne l'art d'être heureux dans l'Efclavage, & lui apprend la Poëfie Paftorale.

   Tableau de 3 pieds 6 pouces de haut, fur 2 pieds 8 pouces de large.

Par M. *Belle*, Profeffeur.

22. Le Combat de Saint Michel.

   Tableau de 9 pieds de haut, fur 6 pieds de large.

23. Pfiché & l'Amour endormis.

Ce Tableau, de 11 pieds 4 pouces de haut, ſur 7 pieds 9 pouces de large, eſt deſtiné à faire ſuite à une Tenture de feu M. Charles Coypel, dont les Sujets ſont tirés de divers Opéra, & traités dans le Coſtume du Théâtre.

Par M. *Vanloo*, Profeſſeur.

24. Vénus & l'Amour couronnés par les Grâces.

Tableau de 8 pieds 6 pouces de haut, ſur 6 pieds 8 pouces de large.

25. L'Expérience Phyſique d'un Oiſeau privé d'air, ſous le Récipient de l'ancienne Machine Pneumatique.

Tableau de 3 pieds 7 pouces de haut, ſur 2 pieds 6 pouces de large.

26. Deux Portraits ovales, ſous le même numéro.

D'un pied 11 pouces de haut, ſur 1 pied 8 pouces de large.

ADJOINTS A PROFESSEUR.

Par M. *Lépicié* Adjoint à Profeſſeur.

27. Sainte Eliſabeth & Saint Jean.

Tableau de 8 pieds de haut, ſur 4 pieds 6 pouces de large.

28. Le Martyre de Saint André.

Tableau de 6 pieds 8 pouces de haut, ſur 4 pieds 2 pouces de large.

29. Le Martyre de Saint Denis.

De 5 pieds de haut, ſur 3 pieds 6 pouces de large.

3o. Narciffe changé en la fleur qui porte fon nom.

Ce Tableau, de 4 pieds 2 pouces de large, eft deftiné à orner le nouveau Pavillon de Trianon.

3i. Second Tableau de Narciffe, changé en la fleur qui porte fon nom.

32. Adonis changé en Anémone.

Ces deux Tableaux pendans, ont chacun 17 pouces de large, fur 1 pied de haut.

33. La Sculpture.

Tableau peint fur bois, de 4 pieds 3 pouces de haut, fur 2 pieds 6 pouces de large.

34. La colère de Neptune.

De 20 pouces de large, fur 11 de haut.

35. Le Déjeûner frugal.

De 17 pouces de haut, fur 14 de large.

36. La Récréation utile.

Tableau peint fur cuivre, de 15 pouces de haut, fur 1 pied de large.

37. Plufieurs Portraits.

____

CONSEILLERS.

Par M. *Chardin*, Confeiller & Tréforier de l'Académie.

38. Un Tableau repréfentant un Bas-Relief.

39. Trois Têtes d'Etude, au Paftel, fous le même numéro.

____

Par M. *Vernet*, Confeiller.

40. Une Tempête avec le Naufrage d'un Vaiffeau.

41. Un Payſage & Marine, au coucher du Soleil.

Ces deux Tableaux appartiennent à l'Electeur Palatin : ils ont chacun 5 pieds de large, ſur 3 pieds 6 pouces de haut.

42. Une Marine au clair de la Lune.

De 5 pieds de large, ſur 3 pieds de haut.

43. Une Marine avec des Baigneuſes : l'heure du jour eſt le matin.

44. Un Payſage au Soleil couchant.

Ces deux Tableaux ont chacun 3 pieds de large, ſur 2 pieds de haut.

Par M. *Roſlin*, Conſeiller.

45. Guſtave, Roi de Suède, dans ſon Cabinet d'Etude, s'entretenant ſur des plans de Fortifications, avec les Princes Charles & Adolphe-Frédéric, ſes Frères.

Tableau de 6 pieds 6 pouces de large, ſur 5 pieds de haut.

ACADÉMICIENS.

Par M. *Millet Franciſque*, Académicien.

46. Un Payſage orné de Figures & d'Animaux.

Tableau de 4 pieds 6 pouces de large, ſur 3 pieds 7 pouces de haut.

47. Un Faiſan étranger peint d'après Nature.

Tableau de 2 pieds 6 pouces de haut, ſur 2 pieds de large.

48. Plufieùrs petits Tableaux fous le même numéro.

Par M. *Boizot*, Académicien.

49. L'Odorat.
5o. L'Ouie.

Tableaux, chacun de 2 pieds 5 pouces de large, fur 2 pieds 2 pouces de haut.

Par M. *Venevault*, Académicien.

51. Un Tableau en miniature, en forme d'Oratoire, repréfentant l'Annonciation à la Sainte Vierge.

Par M. *Defportes* le Neveu, Académicien.

52. Un Tableau repréfentant une Cuifine.

De 4 pieds 6 pouces de haut, fur 3 pieds 6 pouces de large. -

---

Par M. *De Machy*, Académicien.

53. Un Tableau d'Architecture.

D'un pied 11 pouces de haut, fur 1 pied 2 pouces de large. Il appartient à M. Souchet de Lyon.

54. Un Tableau ovale repréfentant une vue de la démolition du Château de Clagny.

D'un pied 6 pouces de haut, fur 1 pied 2 pouces de large.

55. Quatre petits Tableaux repréfentans des Ruines d'Architecture.

XXVI.

De 7 pouces de haut, fur 6 pouces & demi de large.

56. Plufieurs petits Tableaux en miniature repréfen-tans auffi des Ruines d'Architecture.

57. Une vue de la Chapelle de la Sainte Vierge à Saint Roch.

Tableau d'un pied 11 pouces de haut, fur 11 pouces de large.

Par M. *Drouais*, Académicien.

58. Le Portrait de Madame la Comteffe de Provence.

Tableau ovale de 2 pieds 2 pouces de haut, fur 2 pieds 9 pouces de large.

59. Le Portrait en pied de feu S. A. S. Monfeigneur le Comte de Clermont.

Tableau de 7 pieds 2 pouces de haut, fur 5 pieds 3 pouces de large.

60. Le Portrait en pied de Madame la Comteffe du Barry, repréfentant une Mufe.

Tableau de 6 pieds 5 pouces de haut, fur 4 pieds 5 pouces de large.

61. Plufieurs Portraits fous le même N°.

Par M. *Voiriot*, Académicien.

62. Plufieurs Portraits fous le même N°.

Par M. *Favray*, Académicien.

63. L'Audience donnée à M. le Chevalier de Saint-Prieft, Ambaffadeur à la Porte, par le Grand-Seigneur.

Tableau de 4 pieds de large, fur 3 pieds de haut.

Le Grand-Seigneur eft affis fur un Trône en forme de Lit à quatre colonnes; ce Trône eft de vermeil, enrichi de pierreries. Les boules d'or pendues en haut repréfentent des œufs d'Autruche, ornement que les Turcs mettent ordinairement pour parade dans leurs Mofquées. Les glands qui pendent à ces boules d'or, fur le devant du Trône, font de perles, les autres font de petites lames d'or. La couverture du Trône eft brodée en perles.

Le Sultan a fon fabre à fa droite, & une écritoire à fa gauche. Les deux Turbans qu'on apperçoit fur une petite fenêtre, font toujours portés lorfque le Grand-Seigneur marche. Les aigrettes en font différentes, l'une eft de plumes jaunes, & l'autre de plumes jaunes & noires : celui que porte le Sultan eft orné de plumes noires & blanches. Ces trois Turbans fignifient l'Empire des trois Mers.

Le Grand-Vifir eft à la droite du Prince, la Péliffe & les mains croifées. L'Ambaffadeur eft dans l'action de parler, & tient de la main gauche les Lettres du Roi. A fa droite eft le Drogman de la Porte. L'Ambaffadeur eft tenu, ainfi que ceux de fa fuite, par deux Capidgis-Bachis, couverts de cafetans, avec le grand bonnet de cérémonie . il n'y a que le Grand-Vifir qui en ait un différent. Le cafetan du Miniftre eft doublé de Martre; ceux des gens de fa fuite font fort communs. M. le Chevalier de Pontécoulan eft à côté de l'Ambaffadeur, qui a derriere lui fon Drogman, avec le bonnet de Martre, coëffure commune à tous les Drogmans. La chambre n'eſt éclairée que par une ſeule fenêtre : à droite, on voit une cheminée en forme d'entonnoir renverſé; elle eſt de vermeil & enrichie de pierreries. Le Grand-Seigneur eſt reſ-ſemblant.

Par M. *Caſanova*, Académicien.

64. Le premier des trois Combats de Fribourg, donné le 3 Août 1644, entre ſept & huit heures du ſoir, entre l'Armée de France commandée par S. A. S. Monſeigneur le Duc d'Enguien, & l'Armée des Bavarois, ſous les ordres du Général Comte de Mercy.

Sur le devant du Tableau à gauche on voit le débris d'un combat qui a été livré pour vaincre l'obſtacle d'un abattis d'arbres qu'avoit fait faire en cet endroit le Général ennemi.

Un peu plus haut & vers le milieu du Tableau, on apperçoit le Duc d'Enguien qui, voyant ſes Troupes après avoir forcé les abattis reſter immo-biles ſous le feu des redoutes qu'elles ont encore à ſurmonter, eſt deſcendu de cheval, & après avoir jetté ſon Bâton de commandement dans les retran-chemens des Ennemis, environné de pluſieurs Généraux, ſe met à la tête du Régiment de Conti, qui eſt ſoutenu par celui de Mazarin, commandé par M. le Comte de Tournon. Il enfonce les Bavarois, dont il ne ſe ſauve qu'une très-petite partie à la faveur du bois qui eſt au milieu de la montagne. Au-delà de cette montagne, on découvre dans la plaine, l'Armée du Général Mercy, en bataille.

65. Bataille de Lens par S. A. S. Monfeigneur le Prince de Condé, contre l'Armée Efpagnole, commandée par l'Archiduc Léopold, le matin du 20 Août 1648.

Au milieu de ce Tableau on voit le Prince de Condé, devant lequel l'épais Bataillon de l'Infanterie ennemie tombe à genoux, & rend les armes, abandonné de la Cavalerie rompue & mife en fuite par M. de Chatillon qu'on apperçoit un peu plus haut fur la gauche. Cette Infanterie implore la clémence du jeune Héros, qui donne ordre à M. des Roches, Lieutenant de fes Gardes, de lui fauver la vie. Plus haut, dans le centre du Tableau on voit le fameux Général Beek pris prifonnier.

A la hauteur de Lens on voit le Camp des Ennemis, & l'Archiduc qui fe fauve avec les débris de fon Armée. La droite du fecond Plan repréfente la Cavalerie Françoife victorieufe à la pourfuite des Ennemis.

Ces deux Tableaux ont 14 pieds de large, fur 12 pieds de haut.

66. Deux Payfages fous le même numéro.

Ils ont chacun 8 pieds de large, fur 6 pieds de haut, y compris la bordure.

———

Par M. *Roland de la Porte*, Académicien.

67. Un Tableau d'Inftrumens de Mufique.

De 2 pieds 6 pouces de haut, fur 2 pieds de large.

68. Un Tableau repréfentant une Figure de Bronze, de la Flore antique.

De 2 pieds 3 pouces de haut, fur 1 pied 10 pouces de large.

69. Plufieurs Tableaux de Fleurs & Fruits fous le même numéro.

Par M. *Bellengé*, Académicien.

70. Une Corbeille de Fleurs.

Tableau de 3 pieds 9 pouces de large, fur 2 pieds 8 pouces de haut.

71. Un Vafe contenant des Fleurs.

Tableau de 3 pieds 3 pouces de large, fur 2 pieds 11 pouces de haut.

Par M. *Le Prince*, Académicien.

72. Un Médecin.

Tableau du Cabinet de M. le Duc de Praflin, de 2 pieds 10 pouces de haut, fur 2 pieds 2 pouces de large.

73. Un Géomètre.

Tableau d'un pied 3 pouces de haut, fur 1 pied de large.

74. L'intérieur d'un Cabaret.

Tableau d'un pied 7 pouces de haut, fur 1 pied 3 pouces de large.

75. Plufieurs Femmes au Bain.

Tableau d'un pied 3 pouces de haut, fur 1 pied de large.

76. Le Portrait d'un Enfant.

Tableau de 2 pieds 10 pouces de haut, fur 2 pieds 2 pouces de large.

77. Plufieurs Bambochades fous le même numéro.

78. Plufieurs Eftampes gravées par fon procédé, fous le même numéro.

Par M. *Guerin*, Académicien.

79. Plufieurs Tableaux fous le même Nº.

Par M. *Robert*, Académicien.

80. Deux Tableaux repréfentans des Monumens & Edifices de Rome antique & moderne.

Ils ont chacun 9 pieds 6 pouces de haut, fur 4 pieds 6 pouces de large.

81. Deux Tableaux, l'un eft une vue de la Forêt de Caprarole, l'autre le Pont de Tivoli.

De 5 pieds de haut, fur 3 de large.

82. Une Fontaine antique au milieu des Campagnes de Rome.

Tableau de 5 pieds 6 pouces de haut, fur 3 pieds de large.

83. Deux Tableaux; l'un, un incendie dans les principaux Edifices de Rome; l'autre, des Ruines d'Architecture.

Chacun de 3 pieds de large, fur 2 pieds 6 pouces de haut. Ces Tableaux appartiennent à Madame la Marquife de Langeac.

84. Vue des Jardins du Prince Borghèfe à Rome.

Tableau d'un pied 10 pouces de haut, fur 1 pied 5 pouces de large.

85. Deux Tableaux; l'un, une vue des Jardins Barbe-
rini; l'autre, les Montagnes de Sora entre Rome
& Naples.

    Chacun de 2 pieds 6 pouces de large, fur 1 pied
8 pouces de haut.

86. La Fontaine des Jardins Pamphile, à Frefcati.

    Tableau ovale d'un pied 2 pouces de haut, fur
10 pouces de large.

87. Une partie des Portiques de l'ancien Palais du
Pape Jules, à Rome.

    Tableau ovale de 15 pouces de haut, fur 11 de
large.

88. Deux Deffins faits d'après Nature au Château
d'Amboife.

89. Plufieurs autres Deffins coloriés, de différentes
Vues & Monumens d'Italie, fous le même numéro.

Par M. *Loutherbourg*, Académicien.

90. Une Marine au Soleil couchant.

    Tableau de 3 pieds 6 pouces de large, fur 2
pieds 6 pouces de haut.

91. Deux Tableaux; l'un, le repas d'Abraham; l'autre
la lutte de Jacob.

    De 2 pieds 6 pouces de large, fur 1 pied 10
pouces de haut.

92. Deux Tableaux; l'un, Agar regardant boire fon
fils après la découverte de la fource; l'autre, Jacob
gardant les Troupeaux.

    D'un pied de large, fur 8 pouces de haut

93. L'Action de grace de Noé & de fa famille au fortir
de l'Arche.

Tableau d'un pied 6 pouces de haut, fur 1 pied 4 pouces de large.

94. Un Orage fur Terre, & le retour des Troupeaux.

Tableau de 2 pieds 6 pouces de large, fur 1 pied 10 pouces de haut.

95. Un Orage fur un grand chemin, avec un Arc-en-ciel.

De 14 pouces de large, fur 11 pouces de haut.

96. L'Amant curieux.

97. Le Mouton chéri.

Tableaux d'un pied de large, fur 8 pouces de haut.

98. Deux Marines; l'une, un Orage; l'autre, un Vent frais.

Tableaux de 2 pieds 6 pouces de large, fur 1 pied 10 pouces de haut.

99. Un Berger qui garde fon Troupeau.

Tableau de 14 pouces de large, fur 11 pouces de haut.

100. Marine repréfentant un Soleil couchant, avec un embarquement pour un régal à bord d'un Vaiffeau de Guerre.

Tableau de 3 pieds de large, fur 2 pieds 6 pouces de haut.

101. Deux Tableaux; l'un, la petite Laitière; l'autre, la mangeufe de Cerife.

D'un pied 6 pouces de large, fur 1 pied de haut.

102. Un Payfage.

De 11 pouces de haut, fur 8 pouces de large.

103. Une vue des Alpes, avec Animaux & Figures.

D'un pied 9 pouces de haut, fur 1 pied 2 pouces de large.

104. Un Soleil couchant fur Mer, avec embarquement d'Animaux; l'Architecture de ce Tableau eft peinte par M. de Machy.

De 2 pieds 4 pouces de large, fur 1 pied 11 pouces de haut.

105. Une Tempête à la vue d'un Port : l'Architecture eft peinte par M. de Machy.

Tableau de 4 pieds de large, fur 3 pieds de haut.

106. Le Dîner interrompu, Payfage.

Tableau de 2 pieds 6 pouces de large, fur 1 pied 10 pouces de haut.

107. Le partage de la Pêche.

De 14 pouces de large, fur 11 pouces de haut.

108. Vue d'un Port de Mer.

De 14 pouces de large, fur 11 pouces de haut.

109. Une Bataille de Cuiraffiers contre les Turcs.

Tableau de 2 pieds 6 pouces de large, fur 1 pied 10 pouces de haut.

110. Un Naufrage.

Tableau d'un pied 1 pouce de haut, fur 1 pied de large.

Par M. *Brenet,* Académicien.

111. Saint Sébaftien.

Tableau de 5 pieds 5 pouces de haut, fur 3 pieds 6 pouces de large.

112. Jupiter & Antiope.

Tableau ovale, de 2 pieds de haut, fur 1 pied 8 pouces de large.

113. Un Faune jouant avec des Enfans.

De 2 pieds de haut, fur 1 pied 8 pouces de large.

114. Vénus.

Tableau ovale, d'un pied 8 pouces de haut, fur un pied 4 pouces de large.

115. Diane.

Ovale, d'un pied 8 pouces de haut, fur 1 pied 4 pouces de large.

116. Apollon, avec le Génie des Arts.

De 2 pieds de haut, fur 1 pied 8 pouces de large.

117. Une tête dans le coſtume Aſiatique.

Ovale, d'un pied de haut, fur 10 pouces de large.

118. Le Portrait de M. Boulet, Inſpecteur des Théâtres du Roi.

Par M. *Huet*, Académicien.

119. Un Loup percé d'une Lance.

Tableau de 6 pieds, fur 4 pieds.

120. Un Repos de Chaſſe.

Ce Tableau, de 4 pieds fur 2 pieds, appartient à M. de Fontaine.

121. La Fermière.

Tableau de 3 pieds de large, fur 1 pied 10 pouces de haut.

122. Deux Payſages ſous le même N°.

De 14 pouces de large, fur 12 pouces de haut.

123. Une Caravane, Eſquiſſe.

De 3 pieds 6 pouces de large, fur 2 pieds 6 pouces de haut.

124. Plufieurs Deffins, Caravanes, Payfages, Animaux, dont quelques-uns font peints à l'huile, fous le même numéro.

Par M. *Pafquier*, Académicien.

125. Armide & Renaud.

126. Angélique & Médor.

127. Le Portrait du Roi en Miniature.

128. Le Portrait de Madame la Dauphine en Email.

129. Le Portrait de M. de Voltaire, peint à Fernex au mois d'Avril 1771.

130. Le Portrait de M. Cochin.

131. Le Portrait de Madame Telluffon.

132. Le Portrait de Madame Nervo, de Lyon.

133. Le Portrait de Madame Dugas de Bois-Saint-Juft, de Lyon.

134. Les Portraits de M. et Madame Terraffe, de Lyon.

135. Plufieurs autres Portraits en Email & en Miniature, fous le même numéro.

Par M. *Reflout*, Académicien.

136. La Préfentation de Notre Seigneur au Temple, au moment ou Siméon prononce le *Nunc dimittis.*

     Tableau de 25 pieds de large, fur 13 pieds 6 pouces de haut.

137. Le Sommeil, figure d'étude.

     Tableau de 4 pieds de large, fur 3 pieds de haut.

138. Saint Jérôme, demi-figure.

Tableau de 2 pieds de haut, fur 1 pied 6 pouces de large.

139. Jupiter chez Philémon & Baucis.

Ce Tableau eſt ſon morceau de Réception à l'Académie.

140. Pluſieurs Deſſins & Portraits ſous le même numéro.

———

Par Mlle *Vallayer*, Académicienne.

141. Des Inſtrumens de Muſique militaire.

Tableau de 5 pieds fur 4 pieds.

142. Une jeune Arabe, en pied.

Tableau de 5 pieds, fur 3 pieds 6 pouces.

143. Une Jatte.

Tableau de 2 pieds 6 pouces, fur 2 pieds.

144. Des Fruits & des Légumes.

Tableau de 2 pieds 9 pouces, fur 2 pieds 2 pouces.

145. Deux Tableaux repréſentans divers Morceaux d'Hiſtoire Naturelle.

Chacun de 4 pieds fur 3 pieds.

146. Un Bas-Relief imité, jeux d'Enfans.

Tableau de 2 pieds 2 pouces, fur un pied 6 pouces.

147. Un Panier de Prunes.

Tableau d'un pied 4 pouces, fur 1 pied 1 pouce.

148. Un Lapin.

Tableau d'un pied 8 pouces, fur 1 pied 4 pouces.

149. Deux Tableaux; l'un, repréſentant les attributs de la Peinture, la Sculpture & l'Architecture; & l'autre, des Inſtrumens de Muſique.

Ces deux Tableaux font ceux qu'elle a donnés pour fa Réception à l'Académie.

Par Mme *Roflin*, Académicienne.

150. Le Portrait de M. Pigalle, Adjoint à Recteur de l'Académie Royale de Peinture & de Sculpture, en habit de Chevalier de l'Ordre de Saint-Michel.

Tableau qu'elle a donné pour fa Réception à l'Académie.

151. Plufieurs autres Portraits fous le même numéro.

Par M. *Beaufort*, Académicien.

152. Brutus, Lucretius Père de Lucrèce, & Collatinus fon Mari, jurent fur le Poignard dont elle s'eft tuée, de venger fa mort & de chaffer les Tarquins de Rome.

Ce Tableau, de 5 pieds 2 pouces de large, fur 4 pieds de haut, eft fon morceau de Réception à l'Académie.

153. Une Efquiffe d'une Coupole, dont le fujet eft l'Affomption de la fainte Vierge.

De 5 pieds, fur 4 pieds.

Par M. *De Wally*, Académicien, Architecte du Roi, & Contrôleur de fes Bâtimens.

154. Le modèle d'un Efcalier qui doit être exécuté à Mont-Mufart.

Deffins.

155. Vue de Mont-Mufart du côté de la Ville.

156. Le Plafond de l'Eglife du Jefus à Rome.
157. La Fontaine de la Place Navone.
     La Chaire de Saint-Pierre.
     Le Tombeau de la Comteffe Mathilde.
         Ces trois Deffins font fous le même N°.
158. L'intérieur de la Rotonde.
     L'intérieur de Saint-Pierre de Rome.
         Sous le même numéro.
159 Les Thermes de Dioclétien.
         Avec les Plans des différens étages; l'élévation
     perfpective en face du *Natalis*, avec des Notes qui
     indiquent l'ufage de ces anciens Edifices.
160. Deux Colonnes torfes.
161. Six petites vues de Rome.
         La Place du Peuple, la Place Colomne, la Place
     de Saint-Pierre, la Place Navone, celle de la
     Rotonde, & celle de Sainte-Marie Majeure.
162. Le Déluge, & le Temple de Salomon, fous le
     même numéro.
163. Une Fontaine fur des Rochers, repréfentant le
     Temple de Neptune couronné par le Temple
     d'Amphytrite.

Décorations de Théâtre.

164. Arc de Triomphe, une Fontaine fur des Rochers.
165. Le Palais célefte : le Pandémonium.
166 L'intérieur d'un Efcalier.
         Ce Deffin eft l'un de fes morceaux de Réception
     à l'Académie.

AGRÉÉS.

Par M. *Parocel*, Agréé.

167. L'Affomption de la Sainte Vierge.

Tableau de 11 pieds 2 pouces de haut fur 6 pieds 3 pouces de large. Il eft deftiné pour l'Abbaye des Bénédiétins à Tonnerre.

Par M. *Defhayes*, Agréé.

168. Le Portrait de M. l'Evêque de Poitiers.

169. Le Portrait de Madame de la Poplinière.

170. Plufieurs autres Portraits fous le même numéro.

Par M. *Monnet*, Agréé.

171. Feu Monfeigneur le Dauphin & feue Madame la Dauphine, occupés de l'éducation des trois Princes leurs Enfans, & partageant les foins de M. le Duc de la Vauguyon & de M. l'ancien Evêque de Limoges, leurs Gouverneur & Précepteur, préfens à cette Inftruétion.

Ce Tableau appartient à M. le Duc de la Vauguyon.

172. Deux Tableaux de forme ovale repréfentans l'Amour; dans l'un, il lance fes traits; dans l'autre, il careffe une Colombe.

Chacun de 2 pieds de haut, fur 1 pied 6 pouces de large.

173. Un Enfant en Pierrot.

Tableau rond de 8 pouces de diamètre.

174. Un Plafond, Efquiffe, repréfentant l'Aurore qui chaffe la Nuit.

175. Plufieurs Deffins, fujets tirés de Télémaque & autres, fous le même numéro.

- - - - - - - -

Par M. *Jollain*, Agréé.

176. L'Entrée de Jefus-Chrift dans Jérufalem.

Tableau de 12 pieds 9 pouces de large, fur 6 pieds 3 pouces de haut. Il eft deftiné pour la Chartreufe de Paris.

177. Jupiter fous la forme de Diane féduit Califto.

Tableau de 2 pieds de large, fur 1 pied 8 pouces de haut.

178. Le Sommeil dangereux.

D'un pied 3 pouces de large, fur 1 pied de haut.

179. Mlle *** en Dryade.

Tableau d'un pied de haut, fur 10 pouces de large.

180. Deux Payfages.

D'un pied 8 pouces de large, fur 1 pied 5 pouces de haut.

- - - - - - - -

Par M. *Ollivier*, Agréé.

181. La Mort de Cléopâtre.

Tableau de 5 pieds de large, fui 4 pieds de haut.

182. Deux Tableaux repréfentans des converfations Efpagnoles.

De 15 pouces de haut, fur 12 pouces de large.

183. Trois Tableaux de même genre que les précédens.

Et de même grandeur.

184. Un Espagnol tenant la Guitarre, & écoutant une Femme qui lui parle.

Tableau de 9 pouces de haut, sur 7 de large.

185. Un Sujet tiré de la Comédie des Jardiniers, Acte second, Scène seconde, où l'Amant de Colette paroît sous l'habit de Dragon.

186. Deux Tableaux; l'un, un Homme avec une bouteille & un verre; l'autre, un Homme qui joue de la Flûte dans une compagnie de Femmes.

De 9 pouces de haut, sur 7 de large.

187. Un Portrait.

Par M. *Renou*, Agréé.

188. Sainte Angèle préfentant à Sainte Urfule les Religieufes Urfulines qu'elle a raffemblées fous fon nom, & foumifes à la Règle de Saint Auguftin.

Tableau ceintré, d'environ 10 pieds de haut, fur 6 de large. Il eft deftiné à décorer le Monaftère des Urfulines de Lyon.

189. Plufieurs Tableaux fous le même N°.

Par M. *Carefme*, Agréé.

190. Une vue de Jardin, & fur le devant un Efpagnol repouffé par une jeune Demoifelle à qui il préfente un Bouquet.

Tableau d'un pied 9 pouces de large, fur 1 pied 6 pouces de haut.

191. Deux Tableaux de Payfages & Animaux, dont l'un repréfente le Matin, défigné par une Femme

qui va au Marché, & l'autre le Soir, défigné par une Femme qui revient chez elle avec fon Mari.

Ces Tableaux ont chacun 1 pied 8 pouces de large, fur 1 pied 5 pouces de haut.

192. Une Femme fur un lit repouffant l'Amour qui lui demande pardon.

Tableau d'un pied 8 pouces de large, fur 1 pied 2 pouces de haut.

193. Deux petits Tableaux repréfentans des Buveurs Flamands.

194. Deux Payfages; l'un, une Voyageufe qui demande fon chemin; l'heure du jour eft le Matin : l'autre, une Femme occupée à traire une Chèvre; l'heure du jour eft le Soir.

D'un pied 4 pouces de large, fur 1 pied 1 pouce de haut.

195. Un Tableau repréfentant des Maquereaux.

D'un pied 4 pouces de large, fur 1 pied 1 pouce de haut.

196. Plufieurs Portraits fous le même N°.

197. Une Tête au Paftel.

Tableau de 14 pouces de haut, fur 12 de large.

Plufieurs autres Deffins fous le même numéro.

Par M. *Bounieu*, Agréé.

198. La Peinture, la Sculpture & la Gravure.

199. La Poéfie, la Mufique & l'Architecture.

200. Jupiter & Io.

201. Neptune & Amphytrite.

202. Pluton & Proferpine.

Ces cinq Tableaux ont chacun 4 pieds de haut, fur 5 pieds 4 pouces de large.

203. Une Dame faifant faire fon Portrait.

D'un pied 5 pouces, fur 1 pied 2 pouces.

204. Deux Tableaux fous le même numéro; l'un, une Laitière; l'autre, une Ravaudeufe.

De 11 pouces, fur 14 pouces.

205. Vue du Mont-Valérien, prife de Neuilly.

D'un pied 10 pouces, fur 2 pieds 2 pouces.

206. Vue du Colombier de Saint-Fal en Champagne.

De 15 pouces, fur 12 pouces.

207. Vue de Chaillot, prife de la Place de Louis-Quinze.

Même grandeur.

Par M. *Du Pleffis*, Agréé.

208. Le Portrait de M. le Marquis de Lhôpital, Lieutenant Général des Armées du Roi, Chevalier de fes Ordres, &c.

209. Le Portrait de M. l'Abbé *** peint un an après fa mort, à l'aide de divers fecours.

210. Le Portrait de M. Caffieri, Sculpteur, Adjoint à Profeffeur, de l'Académie.

211. Le Portrait de M. de Héricourt.

212. Plufieurs Portraits fous le même numéro.

Par M. *Hall*, Agréé.

213. Plufieurs Portraits & Ouvrages en Miniature, fous le même N°.

Par M. *la Grenée* le jeune, Académicien.

214. S. Paul prêchant dans l'Aréopage.

Tableau de 14 pieds de haut fur 10 de large.

215. La Préfentation au Temple.

Tableau de 11 pieds de large, fur 6 pieds de haut. Il eft deftiné pour les Chartreux.

216. Deux Académies; l'une, un jeune Homme faifant une Libation à Bacchus; l'autre, un Satyre jouant avec un Enfant.

Le premier Tableau, de 3 pieds fur 4 pieds.

Le fecond, de 4 pieds 7 pouces de large, fur 2 pieds 6 pouces de haut.

217. Une Efquiffe repréfentant l'Hiver.

Ce Tableau doit être exécuté en grand pour la Galerie d'Apollon au Louvre.

218. Plufieurs Deffins fous le même N°.

Par M. *Courtois*, Agréé.

219. Plufieurs Têtes en Email & en Miniature, d'après différens Maîtres.

220. Plufieurs Portraits d'après Nature.

Par M. *Martin*, Agréé.

221. Une Defcente de Croix.

Tableau de 11 pieds de haut fur 8 pieds de large.

222. Un Soldat renverfé, Figure Académique.

Tableau de 5 pieds 6 pouces de large, fur 4 pieds de haut.

223. Deux Tableaux, demi-figures d'Evêques, de grandeur naturelle.

Par M. *Aubry*, Agréé.

224. Le Portrait de M. le Marquis de la Billarderie.

225. Le Portrait de M. le Comte d'Angévilé.

226. Le Portrait de M. Jeaurat, Peintre du Roi & Garde des Tableaux & Plans du Cabinet de Sa Majefté.

227. Plufieurs Portraits fous le même N°.

SCULPTURES.

OFFICIERS.

ANCIENS DIRECTEURS.

Par M. *Le Moyne*, ancien Directeur & Recteur.

228. Madame la Comteffe d'Egmont.
     Bufte en Marbre.

229. Une jeune Fille repréfentant la crainte.
     Modèle en Terre cuite.

230. Quelques Têtes fous le même N°.

PROFESSEURS.

Par M. *Vaßé*, Profeffeur.

231. Un Deffin, repréfentant le Maufolée du Roi Staniflas, tel qu'il s'exécute aujourd'hui en Marbre, dans l'Attelier de cet Artifte, pour être placé à

Nancy, dans l'Eglife de Bon-Secours, en face de celui de la Reine de Pologne.

232. Une Statue de la proportion de fept pieds, repréfentant une Femme couchée fur les focles du Tombeau, & défolée de la perte de ce bon Prince.

Ce Modèle fait partie du Tombeau énoncé cideffus.

233. Un Modèle en petit, d'un monument relatif au cœur de feue la Reine, qui doit être placé dans la même Eglife de Bon-Secours, felon l'intention de cette Princeffe.

Cet Ouvrage s'exécute en Marbre.

234. Une Tête de Minerve, Etude faite pour une Statue de Marbre, de la proportion de fix pieds, que cet Artifte termine préfentement dans fon Attelier au Louvre.

235. Un petit Tombeau, où l'on voit une Femme pleurante appuyée fur un cube qui fert de bafe à une Urne cinéraire. Cette Urne eft fuppofée renfermer les cendres de feu M. de Brou, Garde des Sceaux : fon Médaillon eft au bas du Monument fur une table de Marbre.

Cet Ouvrage eft exécuté en Marbre, dans l'Attelier de M. Vaffé.

236. Un Bufte en Marbre, de Madame la Marquife de ***.

237. Un Bufte de M. Gerbier.

238. Le Bufte de M. Quefnay, Médecin du Roi.

En Marbre.

Par M. *Pajou*, Profeſſeur.

239. Le Portrait de Madame la Comteſſe du Barry.
Buſte en Terre cuite.

240. Trois Eſquiſſes en Terre; la première, Vénus, ou la Beauté qui enchaîne l'Amour; la ſeconde, Vénus recevant de l'Amour le prix de la Beauté; la troiſième, Hébé, Déeſſe de la jeuneſſe.

Cette dernière ſera exécutée en Marbre, de grandeur naturelle, pour Madame la Comteſſe du Barry.

241. Deux Têtes de Femmes.
Etudes en Terre cuite.

242. Une Tête de Satyre.

243. Un Deſſin, Eſquiſſe lavée à l'encre de la Chine; Camillus aſſiégeant la ville de Veyes en Toſcane; ſes Soldats, par ſon ordre, avoient miné ſous le Temple de Junon. Ils y paroiſſent au moment que les Veyens offroient un ſacrifice, jettent l'effroi parmi le peuple, & ſe ſaiſiſſent des entrailles de la Victime pour les porter à Camillus.

244. Un Deſſin, Eſquiſſe lavée à l'encre de la Chine, dont le ſujet eſt un projet de Pendule, où l'on voit le temps aſſis ſur le globe, tenant une lyre dont il paroît toucher & faire danſer les Saiſons.

Par M. *Caffiery*, Adjoint à Profeſſeur.

245. Quinault.

246. Lully.

247. Rameau.

Ces trois Portraits, executés en Marbre, ſont deſtinés à être placés dans le Foyer de l'Opéra.

248. Une Tête de jeune Fille.

En Marbre.

249. Une Nayade, repréfentant l'eau, l'un des quatre Elémens.

Figure en Terre cuite.

250. L'Air, fon pendant, tenant un Caméléon que les anciens croyoient ne vivre que d'air : un Aigle eft à fes pieds.

Ces deux Figures doivent être exécutées en Pierre, de la proportion de 6 pieds, pour décorer une des façades de l'Hôtel Royal des Monnoies, du côté de la rue Guénégaud.

251. *Omnia vincit Amor* ; l'Amour triomphe de tout.

Pour remplir cette idée, l'Artifte a fait ufage de l'emblême de Pan, Dieu des Pafteurs. Il a été regardé par les anciens comme le Dieu de la Nature, fuivant la fignification de fon nom, qui en grec veut dire *Tout*. Ses cornes marquoient (dit-on) les rayons du Soleil, & les cornes de la Lune; fon vifage enflammé défignoit l'élément du feu ; fon eftomac couvert d'étoiles, fignifioit le Ciel, & fes jambes, couvertes de poil, la terre, les arbres, les plantes & les bêtes. Il avoit des pieds de Chêvre, pour montrer la folidité de la terre. Enfin, la flûte repréfentoit l'harmonie que les Cieux font, felon l'opinion de quelques anciens Philofophes, & fon bâton recourbé, la révolution des années.

En Terre cuite.

Par M. d'*Huès*, Adjoint à Profeffeur.

252. Le modèle d'un Fronton : la France, fous la

XXVI.	1

figure de Minerve, prend fous fa protection les jeunes Elèves de l'Ecole Militaire. D'un côté eft la Nobleffe qui les lui préfente, & de l'autre, la Bonté caractérifée par le Pélican.

253. Un Modèle où eft un Cadran : il eft accompagné de deux Figures Allégoriques, l'Etude & la Vigilance.

254. Vénus demande des armes pour fon fils Enéc.

Cette Figure doit être exécutée en Marbre, de fix pieds de proportion, pour le Roi.

255. Le Portrait de M. de la Condamine.

ACADÉMICIENS.

Par M. *Mouchy*, Académicien.

256. Un Modèle des Armes du Roi, pour un Fronton de l'Ecole Royale Militaire.

257. Deux Figures en Plâtre pour le même Hôtel; l'une, l'Amour de la Patrie; l'autre, la Nobleffe.

258. Le Portrait de M. le Prince de Montmorency. Bufte.

259. Un Portrait.

Par M. *Dumont*, Académicien.

260. Diane, conduite par l'Amour, contemple le Berger Endimion pendant fon fommeil.

Grouppe de 2 pieds 6 pouces de haut.

Par M. *Berruer*, Académicien.

261. La Fidélité.

Modèle en Plâtre de 2 pieds 6 pouces de haut.

262. Sainte Hélène.

Cette Figure eſt exécutée en grand, à la nouvelle Egliſe de Montreuil, près Verſailles.

263. Projet du Mauſolée de feu M. le Comte de Harcourt.

———

Par M. *Gois*, Académicien.

264. La Fidélité & l'Abondance des Richeſſes, ſervant de ſupport aux Armes du Roi.

Ce Modèle eſt exécuté en grand, en Pierre de Conflans, au Couronnement du nouvel Hôtel-des-Monnoies.

265. Deux Portraits en Marbre, ſous le même numéro.

266. Le Portrait de M. Bellot, Docteur de la Faculté de Médecine.

267. Pluſieurs Deſſins, au bas deſquels les Sujets ſont expliqués.

———

Par M. *Le Comte*, Académicien.

268. Œdipe, détaché par un Berger de l'arbre où il avoit été expoſé.

Ce Grouppe en Marbre, de la hauteur de 3 pieds, a été exécuté par l'Auteur pour ſa réception à l'Académie.

269. Une Eſquiſſe d'un bacchanale d'Enfans.

Ce Morceau a été exécuté à Lucienne, pour Madame la Comteſſe du Barry. Il a 22 pieds de long, ſur 2 pieds 10 pouces de haut.

270. Les ſept Sacremens.

Eſquiſſes, Bas-Reliefs en Terre cuite. Ils ont 2 pieds 5 pouces de large, ſur 1 pied 9 pouces de haut.

271. Autre Eſquiſſe : le Triomphe de Terpſicore. Elle pince de la Harpe aſſiſe ſur un char traîné par les Amours, avec des guirlandes de fleurs; des Bacchantes précèdent la marche en danſant; les Grâces & la Muſique, inſéparables de la Danſe, marchent ſur ſes traces; deux Satyres, par leur action, déſignent la Danſe de caractère.

Ce Bas-Relief eſt exécuté à la maiſon de Mademoiſelle Guimard. Il a 22 pieds.

272. L'Eſquiſſe d'un Tabernacle, exécuté en Plomb à Montreuil, près Verſailles.

AGRÉÉS.

Par M. *Monot*, Agréé.

273. Le Génie du Printemps, qui enchaîne de fleurs un ſigne du Zodiaque.

Modèle de 2 pieds 8 pouces, qui doit être exécuté en grand pour M. Boutin.

274. Le Portrait de Mme la Marquiſe de Ségur.
En Marbre.

275. Le Portrait de Mme la Comteſſe de Genlis.
En Marbre.

276. Le Portrait de Mlle Dangeville.

En Marbre.

277. Le Portrait de M. Vaſſé, Sculpteur du Roi.

278. Une Tête de Bacchante dans l'ivreſſe de l'Amour
& du Vin.

Par M. *Houdon*, Agréé.

279. Morphée, l'un des Enfans & Miniſtre du Dieu du
Sommeil. C'eſt le plus habile de tous les ſonges
pour prendre la démarche, l'air, le viſage & le ſon
de la voix de ceux qu'il veut repréſenter. C'eſt lui
qui fut envoyé par ce Dieu à Alcione, ſous la figure de ſon Epoux.

Modèle de grandeur naturelle.

280. Les Portraits de M. Bignon, Prévôt des Marchands,
& de Mme ſon Epouſe.

281. Le Portrait de M. Diderot.

282. Le Portrait de Madame de Mailly, Epouſe de M.
de Mailly, Peintre en Email.

283. La Tête d'Alexandre.

Médaillon plus grand que le naturel, pour faire
pendant à une tête antique de Minerve, de même
grandeur & de même relief.

284. Deux Têtes de jeunes Hommes ; l'une, couronnée
de Mirte ; l'autre, ceinte d'un Ruban.

De ronde boſſe & de grandeur naturelle.

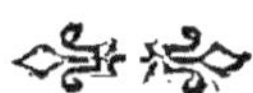

GRAVURES.

OFFICIERS.

Par M. *Cochin*, Chevalier de l'Ordre du Roi,
Secrétaire de l'Académie.

285. Un Deſſin deſtiné à recevoir les diverſes Inſcrip-
tions relatives à l'établiſſemant de l'Ecole Royale
Militaire. On y voit les Armes du Roi; la Médaille
frappée à l'occaſion de cet Edifice; ſur les côtés,
les Figures Allégoriques de Mars & de l'Etude; &
en bas, quelques-uns des Exercices des Elèves.

286. Pluſieurs Deſſins, qui ont été gravés pour ſervir
à l'ornement de la Traduction de Térence, par
M. l'Abbé le Monnier; le Frontiſpice de ſa Traduction de Perſe & autres, ſous le même numéro.

Par M. *Le Bas*, Conſeiller.

287. Trois Eſtampes, faiſant partie des ſeize qui ſont
gravées à Paris pour l'Empereur de la Chine, &
qui repréſentent ſes Conquêtes ou des Cérémonies
Chinoiſes.

Elles ont 2 pieds 9 pouces de haut, ſur 1 pied
7 pouces de large.

288. La Revue de la Maiſon du Roi au Trou-
d'Enfer.

289. Deux Eſtampes; l'une la Source abondante; l'autre, les Occupations du Rivage.

D'après M. Vernet.

290. Vue des environs de Groningue.

D'après Ruiſdaal.

291. Troiſième & IVᶜ Fêtes Flamandes.

D'après Teniers.

292. Deux autres.

Du Cabinet de M. le Duc de Choiſeul.

293. L'Embarquement des Vivres.

D'après Berghem.

294. Autre, dont le titre eſt : *Penſent-ils à la Muſique.*

D'après Téniers; du Cabinet de M. le Duc de Praſlin.

295. La Vue de l'ancien Pont de Meſſine.

D'après le Tableau de Claude Lorrain, appartenant au Roi. Elle fait le pendant à la Récompenſe Villageoiſe.

ACADÉMICIENS.

Par M. *Wille*, Académicien.

296. Les Offres réciproques.

D'après le Tableau de M. Dietricy, Peintre de l'Electeur de Saxe.

Par M. *Roettiers* le fils, Académicien, Graveur Général des Monnoies de France.

297. Un Cadre renfermant pluſieurs Médailles.

1. La Médaille de la Corſe.

Paoli, à la tête de la Nation Corfe, avoit pour armes une Tête de Nègre avec un Bandeau fur les yeux. Dans une affemblée, il fit mettre fous un Dais la Tête noire, le Bandeau relevé fur le front; on lui demanda pourquoi ce changement? Il répondit : Actuellement la Nation voit clair.

Dans cette Médaille, la France a ôté totalement le Bandeau, & expofe l'Ecuffon aux rayons des trois fleurs de Lys. Au moyen de cette grande lumière le Pays fe défriche; l'on y fait des chemins; l'agriculture, la marine, la pêche, produifent l'abondance que l'on voit fur le devant : les horreurs de la guerre & les nuages fe diffipent.

Elle a été préfentée au Roi par Meffieurs les Députés.

2. Deux Médailles du Mariage de Monfeigneur le Dauphin.

3. La Médaille des fix corps de Marchands, qui ont délivré des Prifonniers à l'occafion du Mariage de Monfeigneur le Dauphin.

4. La Médaille du Port de la Rochelle, que cette Ville a fait frapper pour M. Gabriel Sénac.

5. La Médaille de feu M. Alexis, Prince de Gallitzin.

Ce Prince étoit Sénateur. La Juftice demande au Ciel à qui elle remettra l'épée & la balance qui étoient fi dignement entre fes mains. Il entretenoit tous les jours chez lui, une table pour les Pauvres; il en vient un pleurer fur fes cendres. Cette Médaille eft offerte au meilleur des Pères par fon fils, ce qu'exprime l'Infcription qui eft fur l'Autel.

6. Le Jetton de Madame de Provence.

7. Le Jetton de M. l'Abbé Terray, Contrôleur général.

8. Le Jetton de M. le Thieullier, Doyen de la Faculté de Médecine.

9. Le Jetton de MM. les Notaires à Tours.

10. Le Jetton de M. de la Mouchetière.

11. Autres Jettons fous le même numéro.

Par M. *de Marteau*, Académicien.

298. La France témoigne fon affeҫtion à la ville de Liège.

Cette Eſtampe a été gravée en reconnoiſſance de l'exemption du Droit d'Aubaine, accordée par le Roi aux Citoyens de la ville de Liège.

299. Une Figure, Etude d'après nature.

Cette Eſtampe & la précédente font gravées à l'imitation du Crayon, d'après les Deſſins de M. Cochin.

300. Une Tête de Vieillard.

D'après M. Bouchardon.

301. Une Tête de Vieillard.

D'après le Deſſin de M. Doyen, à l'imitation des Deſſins à pluſieurs Crayons.

Par M. *Levaſſeur*, Académicien.

302. Diane & Endimion.

D'après le Tableau de M. J. B. Vanloo. C'eſt le morceau de Réception de M. Levaſſeur à l'Académie.

Par M. *Moitte*, Académicien.

3o3. Le Portrait de feu M. Reftout.

Morceau de Réception à l'Académie.

AGRÉÉS.

Par M. *Flipart*, Agréé.

3o4. L'Accordée de Village.

D'après le Tableau de M. Greuze, du Cabinet de M. le Marquis de Marigny.

Par M. *Mellini*, Agréé.

3o5. Le Portrait de M. l'Archevêque de Rouen.

3o6. Le Portrait de M. le Maréchal de Belle-Ifle.

Par M. *Beauvarlet*, Agréé.

3o7. Cinq Deffins ovales, dont quatre font les quatre Heures du jour, & le cinquième une Prêtreffe tenant une Corbeille de Fleurs.

D'après les Tableaux de feu M. Carle Vanloo.

3o8. Deux Deffins qui repréfentent des Sultanes.

D'après les Tableaux de feu M. Carle Vanloo, qui font au Château de Menars.

3o9. La Converfation.

Eftampe d'après feu M. Carle Vanloo.

Par M. *Aliamet*, Agréé.

3ıo. Le Soir & la Nuit, faifant partie des quatre Heures du jour.

D'après M. Vernet.

Par M. *de Saint-Aubin*, Agréé.

311. Quatre Portraits & Etudes, deſſinés d'après nature.

312. Vertumne & Pomone.

D'après feu M. Boucher.

313. Quatre Sujets des Métamorphoſes.

Dont trois d'après M. Boucher, & un d'après M. le Prince.

314. Quatre Eſtampes; deux pour les Comédies de Térence, une pour le Poëme de la Peinture, & une pour le Frontiſpice des quatre Poétiques, traduites par M. l'Abbé Batteux.

D'après M. Cochin.

315. Une Eſtampe de la ſuite des Conquêtes de l'Empereur de la Chine.

316. Dix-huit Portraits en Médaillon.

D'après M. Cochin.

317. Cinq Portraits en Médaillon.

318. Le Portrait de feu M. de Crébillon.

D'après le Buſte de M. le Moyne.

319. Le Portrait de M. Diderot, en Médaillon.

D'après le Deſſin de M. Greuze.

320. Une Eſtampe repréſentant un ancien uſage Ruſſe.

D'après le Deſſin de M. le Prince, tiré du voyage de feu M. l'Abbé Chappe de Haute-Roche.

ADDITION.

M. *Lenfant*, Académicien, n'ayant rien expofé cette année au Salon, parce que les Ouvrages qu'il a faits à l'Hôtel de la Guerre, à Verfailles, n'ont pu en être déplacés, il avertit que cet Hôtel eft ouvert à tout le monde.

On y voit de lui :

Le Siège de Tournay.

La Bataille de Laufeld.

La Bataille de Fontenoy.

Le Siège de Fribourg.

Le Siège de Menin.

Ces Tableaux font à-peu-près quarrés, & ont 9 pieds de hauteur.

Le Siège d'Ypres.

Le Siège d'Anvers.

La furprife de Gand.

Et deux Deffus-de-porte, dont l'un eft la Bataille de Rocoux.

FIN.

Nogent-le-Rotrou, imprimerie de A. Gouverneur.

CONDITIONS DE LA SOUSCRIPTION

A LA

RÉIMPRESSION DES ANCIENS LIVRETS

Chaque volume sera livré aux souscripteurs moyennant le prix :
De 1 fr. 25 sur papier vergé;
De 2 fr. 50 sur papier de Hollande;
De 3 fr. sur papier de Chine.
Les souscripteurs de Paris recevront les volumes à domicile. Ceux de province ou de l'étranger pourront se les faire envoyer en payant en surplus les frais de poste, s'ils ne préfèrent les faire réclamer aux bureaux de souscription.

On souscrit :

Chez MM. Liepmannssohn et Dufour, libraires, 11, rue des Saints-Pères.

On trouve à la même librairie,

Le duc d'Antin et Louis XIV, rapport sur l'administration des bâtiments annotés par le Roi, publiés avec une préface, par *J.-J. Guiffrey.*

Sous presse,

LES ARTISTES FRANÇAIS, notices et documents pour faire suite aux *Archives de l'art français,* publiés par MM. An. de Montaiglon et J.-J. Guiffrey. Un fort volume sur papier vergé tiré à petit nombre, titre en deux couleurs. Prix, 12 fr.

Nogent-le-Rotrou, imprimerie de A. Gouverneur.